SUR

LA SOUVERAINETÉ.

SUR

LA SOUVERAINETÉ;

Par M.-J. CHAS,

ANCIEN JURISCONSULTE.

A PARIS,

DE L'IMPRIMERIE D'A. ÉGRON,

Imprimeur du Tribunal de Commerce.

1810.

SUR

LA SOUVERAINETÉ.

Avant l'institution du corps politique, le droit
de souveraineté appartenait à tous les membres
de la société : par le nouveau pacte social, elle
a été transmise à des représentans. Le peuple
doit reconnaître cette convention solennelle,
où il a abdiqué volontairement sa souveraineté,
et il ne peut la reprendre sans ouvrir les sources
des dissensions intestines : alors, le gouvernement serait à la disposition de la partie gouver-
née ; et si, comme l'observe très-bien Rousseau, il est contre l'ordre que le grand nombre
gouverne, il est certain qu'on ne peut plus in-
vestir le peuple du droit d'exercer la puissance
souveraine, sans se jeter dans l'anarchie. Cette
conséquence a paru si évidente à l'auteur du
Contrat social, qu'il déclare que les peuples, une
fois accoutumés à des maîtres, ne sont plus en

état de s'en passer; s'ils tentent de secouer le joug, ils s'éloignent d'autant plus de la liberté, que, prenant pour elle une licence effrénée qui lui est opposée, leurs révolutions les livrent presque toujours à des séducteurs, qui ne peuvent qu'aggraver leurs chaînes.

Cependant Rousseau prétend que le peuple ne peut point aliéner son droit de souveraineté; mais si cette aliénation lui est utile, si elle devient le fondement de sa tranquillité, de son bonheur, de sa liberté, il a pu préférer un bien réel à l'exercice d'un droit onéreux. Par le droit naturel, on peut aliéner ce qui nous appartient; on peut donner, vendre, échanger son héritage, ses propriétés; et pourquoi ne pourrait-on point abandonner des droits honorifiques, surtout lorsque le prix qu'on en retire est supérieur aux choses vendues, cédées ou échangées ? Par la cession des droits de la souveraineté, le peuple n'a point aliéné sa liberté; il lui a donné, au contraire, plus d'étendue et plus de solidité. Là où est le bonheur, là est la liberté; l'homme est véritablement libre, lorsqu'il jouit paisiblement de ses droits naturels et civils. Avant le contrat d'aliénation, il n'avait que la force ou la ruse pour conserver et défendre ses droits naturels;

il était oppresseur ou opprimé; tyran, ou es-
clave; il fallait éternellement combattre, ou pé-
rir les armes à la main : par son abdication, il
s'est environné de la force générale. Ainsi sous
la protection des lois, il ne craint ni l'usurpation, ni la servitude; il rentre dans la plénitude
paisible de ses droits : la société sanctionne les
bienfaits qu'il a reçus de la nature. Le chef de
la confédération générale lui a promis, sous la
foi du serment, de défendre sa liberté, ses pos-
sessions, son industrie, ses facultés : ce contrat
est tout à son avantage; il le délivre des inquié-
tudes et des embarras qu'il éprouvait dans l'exercice d'une prérogative qu'il ne pouvait conserver que par la force, et qu'il pouvait perdre à
chaque instant. Toujours occupé à attaquer et
à défendre ses propriétés, il était malheureux,
et devenait souvent criminel. En abdiquant sa
souveraineté, il renaît au bonheur et à la paix;
ses droits naturels et civils sont maintenus dans
toute leur intégrité. En devenant citoyen, il
participe à tous les bienfaits d'une heureuse législation; il voit son patrimoine s'étendre, son
industrie s'agrandir, ses facultés se multiplier
La carrière d'honneur et de gloire s'ouvre pour
lui : c'est alors qu'il voit la différence qui existe
entre l'état de nature e t celui de la société; entre

une indépendance orageuse, et une soumission
réglée par la loi.

Nous allons examiner à qui appartient le droit
de la souveraineté : c'est ici la question la plus
importante du contrat social, et peut-être la
plus difficile à développer.

La nation, comme nous l'avons déjà observé,
après la ratification du pacte social, et après
l'institution des pouvoirs, ne peut plus exercer
son droit de souveraineté ; elle l'a transmis à ses
représentans. Ces derniers doivent l'exercer tel
qu'il était dans son origine primitive. Quels sont
ces représentans ? Ce sont ceux qui créent les
lois, et celui qui les sanctionne et les fait exécuter : tous les deux sont associés à la puissance
législative, et sont par conséquent souverains.
Nous développerons bientôt la vérité de ce
principe.

Mais pour que les membres du corps législatif
puissent partager l'exercice de la souveraineté,
il faut qu'ils soient élus immédiatement par la
nation, et qu'ils aient le droit de proposer, de
discuter et de faire des lois fondamentales et administratives. Dans cette hypothèse, ils sont vé-

ritablement les représentans de la nation , et,
en cette qualité , ils sont associés au droit de la
puissance souveraine. En France, les députés
au corps législatif sont désignés dans une liste
au gouvernement par les colléges électoraux,
dont le président est nommé par l'Empereur.
Ces candidats sont présentés au sénat, et choisis
par le pouvoir conservateur. Cette désignation,
cette présentation, ce choix, ne transmettent
aucun droit de souveraincté, puisqu ce n'est
qu'en vertu d'un sénatus-consulte que les députés entrent au corps législatif. Le sénat qui les
nomme ne représente point la nation; s'ils ne
peuvent ni proposer, ni discuter les lois , mais
seulement adopter ou rejeter celles qui leur sont
proposées par le gouvernement, alors ces députés ne sont point les représentans de la nation, et n'exercent, par conséquent, aucune
portion de la souveraineté : ils sont seulement
des conseillers qui peuvent éclairer le gouvernement ; ils jouissent d'un grand privilége ,
puisque leur sanction est essentielle pour perfectionner la loi ; c'est ici un pouvoir législatif, et
non un pouvoir de souveraineté. Mais il ne faut
pas croire que ce corps législatif, amovible et
temporaire, rejette des projets de lois sagement
proposés, mûrement discutés au conseil-d'état;

leur refus de sanctionner serait réprouvé par l'opinion publique, par le vœu national, et par la volonté générale, dont l'Empereur est le représentant. Un projet de loi, discuté et approfondi par des hommes qui réunissent la science de la législation, au génie de la politique, est le fruit d'une profonde sagesse.

La souveraineté consiste dans le droit de proposer, de discuter, et de faire des lois fondamentales. Ces lois, en France, ne sont jamais proposées à la sanction du corps législatif; il ne délibère que sur des objets concernant les impôts et d'administration publique : donc, il n'exerce aucun droit de souveraineté ; donc, il n'est point le représentant de la nation. Rousseau, et la plupart des publicistes, n'ont pas su distinguer la puissance souveraine d'avec la puissance législative; ils ont confondu les lois fondamentales et les lois administratives. Ces deux pouvoirs ont des fonctions différentes : la puissance souveraine est instituante; elle organise le corps politique, et son action continue après cette organisation; elle ajoute et modifie les lois constitutives. La puissance législative ne fait que des réglemens administratifs, et vote les impôts. Un savant publiciste a placé l'exemple à côté du précepte, afin de rendre plus sensible la différence qu'il y a entre ces deux autorités. « Un homme, dit-il, construit une maison : pendant qu'il est occupé à élever son édifice, il est certain qu'il opère comme créateur, et non comme administrateur ou conservateur ; car il ne peut ni administrer, ou veiller à la conservation du bâtiment. Dans ce premier acte, l'homme qui construit me représente le souverain procédant à l'organisation du corps politique. La maison est-elle achevée, l'œuvre de la création est-elle finie ? je n'aperçois plus l'architecte ; le caractère du créateur est effacé. Mais après la création, il veille à la conservation de son ouvrage ; ses soins le préservent des dégradations, des envahissemens ; et, dans ce dernier acte, je reconnais l'administrateur. Je distingue dans la même personne la puissance qui construit, la puissance qui conserve : c'est ainsi que le pouvoir souverain et le pouvoir législatif se présentent à mon idée ».

Telle est l'institution et la nature du gouvernement français. L'Empereur exerce seul la plénitude de la souveraineté, comme le représentant héréditaire de la nation, comme pouvoir constituant, comme pouvoir administratif ; il est

législateur et exécuteur suprême des lois; il est
l'âme du gouvernement; il met en activité toutes
les parties de la constitution : c'est lui qui propose les lois constitutives, les lois civiles et administratives; il fait des réglemens, crée des
institutions sociales; commande les armées, déclare la guerre, fait la paix; conclut les traités de
commerce et d'alliance; nomme à tous les em-
plois civils, militaires et religieux : c'est en son
nom que les lois sont proclamées, et que la justice est rendue dans tous les tribunaux. Sa personne est sacrée et inviolable; son effigie est
gravée sur les monnaies; il a le droit de faire
grâce et de commuer les peines. Les membres
du corps législatif sont ses sujets : tous les citoyens lui doivent respect et obéissance. Il n'a
au-dessus de lui que Dieu et la loi. Tous ces
droits, toutes ces prérogatives constituent la
véritable souveraineté; il l'exerce dans toute sa
plénitude et dans toute son intégrité, sans partage et sans division.

L'initiative des lois fondamentales et administratives forme la véritable essence et le caractère distinctif de la puissance souveraine et de la
puissance législative. Qu'il nous soit permis de
démontrer la sagesse de cette belle institution,

qui est le principal fondement sur lequel reposent l'ordre social et la prospérité des peuples.

Le chef suprême de la nation, celui qui a en main les rênes du gouvernement, qui les dirige à son gré, qui, dans un centre commun, attire toutes les parties de l'administration, est instruit des besoins du peuple : placé sur une hauteur éminente, ses regards attentifs parcourent avec facilité toutes les parties de l'Empire; il examine, il interroge; son génie s'étend sur tout son peuple, et veille à son bonheur. Il sait quelles sont les lois et les institutions qui conviennent à son caractère, à ses mœurs, à ses habitudes. Des députés qui n'apportent dans les délibérations publiques que des connaissances bornées et des instructions vagues, qui exercent des fonctions temporaires, ignorent la diversité des intérêts naissant de la différence du climat, des localités, des coutumes, des différens habitans des provinces; il leur est impossible de réunir toutes ces diverses parties, et de régler, par des lois uniformes, les institutions qui conviennent à tous les membres du corps social. Parmi les codes politiques qui ont illustré tant de nations, il n'en est point qui n'ait été

le fruit des pensées et des conceptions d'un seul
homme. Minos donna des lois à la Crète; Zo·
roastre aux Perses ; Confucius aux Chinois;
Moïse aux Hébreux ; Solon aux Athéniens ; Lycurgue aux Spartiates ; Numa aux Romains ;
Mahomet aux Arabes. Leurs lois ont subsisté
et subsistent depuis plusieurs siècles, et les peuples soumis à toutes ces législations ont brillé
sur la terre par leur valeur et leur sagesse. Plusieurs de ces nations ont disparu, parce que la
nature conduit tout ce qui existe à sa dissolution, et que rien ne peut changer la destinée des
empires : ainsi que l'homme, ils passent de l'en-
fance à la jeunesse, de la jeunesse à l'âge mûr,
de la vieillesse à la mort; rien ne peut suspendre
cette marche lente et insensible. A peine sont-
ils arrivés à ce point de prospérité qui fixe les
regards et l'admiration des hommes, qu'un bras
caché semble les pousser violemment vers leur
dissolution; en vain luttent-ils dans le cours des
âges contre la destinée qui les presse ; ils sont
nécessairement forcés de devenir la proie du
temps qui précipite dans les tombeaux les générations, leurs lois, leurs institutions, et ces
monumens superbes qui semblaient braver les
siècles et promettre l'immortalité.

Un génie sublime, qui s'élève par ses propres forces à de grandes conceptions, peut créer une nation, réunir des hordes dispersées ; et les conduire à la civilisation par des principes généraux de politique et de législation. Il peut leur donner un code constitutionnel, qui renfermera leurs lois et leurs institutions : c'est l'architecte qui crée le plan de l'édifice, et en pose les fondemens ; c'est le chef suprême de l'état qui représente, dans le système social, cette puissance mystérieuse, qui, dans l'ordre moral, réunit l'action à la volonté. Chargé de l'administration générale, il correspond avec toutes les parties de l'empire ; reçoit les instructions de ses conseillers et de ses agens ; connaît l'opinion publique, et consulte le vœu national. Dirigé par de sages conseils, il propose au corps législatif les lois destinées à la prospérité de l'état et au bonheur du peuple. Le gouvernement qui a la pensée qui conçoit, l'âme qui dirige, la volonté qui exécute, est le plus beau et le plus utile de tous les gouvernemens.

Une assemblée d'hommes différens par leur caractère, leurs opinions, leurs principes, ne peut point, de son propre mouvement, donner des lois à l'universalité d'un peuple dont elle ne

connaît ni ses besoins, ni ses divers intérêts;
une assemblée agit plus par influence que par
réflexion; elle discute sans ordre, et délibère
au hasard : il faut des têtes froides et des cœurs
purs. Toutes les passions se réunissent dans une
assemblée nombreuse : on y voit tour-à-tour
les erreurs de l'amour-propre, et les présomp-
tions de l'orgueil; les discussions se prolongent,
les débats deviennent tumultueux; chacun veut
corriger, retrancher, augmenter : dans cette
confusion, la loi devient obscure, contradictoire; un préambule inutile, ou dangereux, en
altère le sens; et une fausse explication en détruit la force. Les lois les plus courtes se gravent
plus facilement et plus profondément dans le
cœur des hommes. Quand Moïse donna aux
Hébreux les Tables de la loi, il les écrivit en dix
articles, et ces dix articles sont encore, après
trente siècles, les préceptes religieux et moraux
les plus simples et les plus incontestables. Cette
noble simplicité ne peut point régner dans une
assemblée nombreuse des législateurs, parce
que les lois sont les résultats des pensées de plusieurs hommes différens dans leurs principes,
dans leurs opinions, et sans cesse agités par
toutes les passions. Ce n'est point dans cette diversité des sentimens, et au milieu d'une agita-

tion éternelle, qu'on peut établir les fondemens d'une bonne législation. Les législateurs de l'antiquité fuyaient le tumulte des villes, et allaient, dans le silence de la retraite, méditer les lois qu'ils devaient donner aux peuples.

Des lois proposées, discutées et délibérées dans une assemblée nombreuse, et en présence du peuple, ne seront jamais l'ouvrage du calme et de la réflexion. Toute loi qui ne sera point méditée dans le silence, et examinée loin de la multitude, sera nécessairement une loi mauvaise et inutile. Les erreurs des législateurs sont plus funestes aux états que des batailles perdues : la perte des hommes se répare facilement, parce que la nature travaille continuellement à la re-production, et que ses opérations créatrices se succèdent avec une rapidité étonnante. La guerre donne plus de force, et communique une nouvelle énergie à un peuple qui est sur le champ de bataille pour défendre ses lois et sa liberté. Après les orages et les tempêtes, l'horizon s'embellit d'un nouvel éclat, et l'astre du jour répand une lumière plus vive et plus pure ; mais une mauvaise législation détruit le germe de la prospérité générale, dégrade les nations, renverse tous les fondemens de la force publique, et son influence destructive s'étend jusqu'aux générations futures.

Le chef suprême de la nation, chargé de proposer les lois, les méditera dans un silence religieux, il consultera des hommes savans, sages, vertueux; il sera pénétré de l'étendue et de la sainteté de ses devoirs. Soumis à cette opinion publique, dont la force morale est si puissante, et si redoutable; intéressé à la gloire et au bonheur de son peuple; instruit qu'il doit régner par la justice, il ne sera point dominé par ces passions diverses qui agitent une assemblée nombreuse, et dont les membres peuvent facilement échapper à la censure publique, et la braver impunément. Dans ses profondes méditations, dans son amour pour le bien public, sous les regards de l'Être suprême, et dans l'attente des bénédictions de son peuple, il ne proposera que des lois justes et utiles; il sera l'interprète et l'organe de la volonté générale; il ne parlera qu'un langage noble, fier et majestueux : ses expressions seront grandes et pures; ses pensées, profondes et sublimes; et, comme le prêtre de l'ancienne loi, il portera sur sa poitrine l'emblême de la force, et l'image de la vertu.

Examinons la question principale que nous avons posée, et prouvons que , dans les gouvernemens où il existe un corps législatif dont les membres sont élus immédiatement par la nation , et où ils ont le droit de proposer et de faire des lois, l'exercice de la souveraineté est partagé entre le pouvoir législatif et la puissance exécutrice.

Suivant tous les publicistes, le gouvernement est l'esprit de la constitution mise en action ; c'est l'instrument dont il se sert pour maintenir dans toutes ses parties l'ordre établi par les lois constitutionnelles. Aucune autorité ne peut exister sans une autorité assez puissante pour réprimer les efforts de l'intérêt particulier contre l'intérêt commun : c'est cette autorité qui constitue l'essence du gouvernement ; centre auquel tous les rayons se rapportent, et dont la force doit être assez grande pour maintenir l'équilibre de toutes les parties. Le mode du gouvernement est lié avec la constitution , dit M. Necker ; il n'en est séparé que par le jeu de ses mouvemens, qui constitue le pouvoir exécutif; mais il doit recevoir de la constitution son principe de vie, et du corps législatif son principe d'action. Le gouvernement est le dépositaire de la

force publique, l'exécuteur de la volonté natio-
nale : c'est l'âme du corps politique; il ne peut
s'anéantir sans que les liens de la société se dis-
solvent; il est le fondement sur lequel repose
l'édifice social. Le gouvernement est donc véritablement souverain dans l'exercice de ses
droits, puisqu'il sanctionne les lois : comme
force et comme source d'esprit public, il est,
pour les administrations en général, ce que le
soleil, comme foyer de la chaleur universelle,
est pour toute la terre ; il la réchauffe de ses
rayons, et distribue un principe de fécondité
dans toutes les parties du système végétal, pour
animer et développer les germes qui reposent
dans son sein.

Rousseau, dans son Contrat social *(chap. des
Gouvernemens)*, admet des principes vrais et
incontestables; mais il en tire des conséquences
fausses et dangereuses : cette étrange contradic-
tion le conduit à de grandes erreurs. Il dit « que
toute nation libre a deux causes qui concourent
à la produire : l'une, morale; savoir, la volonté
qui détermine : l'autre, physique; savoir, la
puissance qui l'exécute ; qu'on doit distinguer
dans le corps politique la force et la volonté :
celle-ci, sous le nom de puissance législative;

l'autre, sous le nom de puissance exécutrice :
rien ne se fait sans leur concours ». Cependant,
Rousseau concentre toute la souveraineté dans
la puissance législative, et ne donne à la puissance exécutrice qu'une ombre d'autorité. Mais
quel est donc ce pouvoir dont les fonctions se
borneraient à faire exécuter les lois, sans avoir
le droit de les sanctionner ? Ce serait une autorité faible, illusoire, dans la dépendance servile
d'un corps législatif, qui lui ordonnerait de faire
exécuter des lois dangereuses ou funestes ; ce
serait une véritable olygarchie : il n'y aurait ni
gouvernement, ni liberté, ni patrie, ni citoyens ;
mais dans une monarchie, il faut que le chef de
la nation ait le droit de sanctionner les lois :
ainsi, si rien ne doit se faire sans le concours de
ces deux pouvoirs ; si l'un est la force, et l'autre
la volonté, les deux pouvoirs sont égaux ; l'un,
dans la création de la loi, et l'autre, dans sa
sanction et sa promulgation. Il est absurde et
contradictoire de dire que le corps législatif
jouit seul de la souveraineté déléguée, puisque les
lois ne peuvent recevoir leur complément et leur
perfection que de la sanction et de la force de la
puissance exécutrice. Le gouvernement réunit
la volonté et la puissance dans les lois qu'il sanctionne. Comme associé à la législation, et comme

exécuteur suprême, le chef de la nation partage l'exercice de la souveraineté.

La volonté générale n'est rien sans la force nécessaire destinée à la faire respecter et exécuter : c'est le bloc de marbre que l'ouvrier tire de la carrière, mais que le statuaire sait embellir et perfectionner. La souveraineté consiste dans l'exercice de la volonté générale et de la force publique, qui ne doit se mouvoir qu'aux ordres seuls du pouvoir exécutif. La souveraineté réunit la volonté et la puissance du corps moral : la volonté pour faire les lois ; la puissance, pour les faire exécuter.

Rousseau pense que la puissance exécutrice ne consiste que dans des actes particuliers qui ne sont pas du ressort de la loi, ni par conséquent de celui du souverain, dont tous les actes ne peuvent être que des lois ; mais l'exécution de la loi est du ressort de la loi ; elle est liée à son essence, et ne peut point s'en séparer, puisque sans cette exécution il n'existerait aucune loi. Le célèbre Donatello venait de donner le dernier coup de ciseau à une figure : *A présent, marche*, s'écria-t-il enthousiasmé de son ouvrage ; mais la statue ne marcha point, parce qu'elle n'avait reçu aucun principe de vie, capable de lui imprimer le mouvement. Voilà l'image d'une loi qui n'a point été exécutée, et qui n'a pas reçu la sanction du gouvernement. Pygmalion anima sa statue : voilà l'emblême de la loi entre les mains du pouvoir exécutif. Pour établir un juste équilibre, il faut que le chef de la nation soit associé à un degré éminent à la puissance législative, et qu'il partage l'exercice de la souveraineté. Alors la force publique, comme l'observe Rousseau, doit avoir un agent qui la réunisse, et la mette en œuvre suivant les directions de la volonté générale; qui fasse, en quelque sorte, dans la puissance publique, ce que fait, dans l'homme, l'union de l'âme avec le corps.

Le gouvernement doit avoir deux forces : la force morale et la force physique. Ces deux agens lui sont nécessaires pour prévenir et enchaîner les factions, pour défendre son autorité contre la rébellion et l'anarchie, et pour contenir tous les membres du corps social dans l'obéissance des lois, et dans leur respect envers leur chef et leurs magistrats; ces deux forces réunies ensemble n'en peuvent point être séparées : sans la force morale, la force physique est dans l'inertie et n'agit point; sans la force physique, la

force morale est sans activité et sans puissance.
Le chef de la nation, comme associé au pouvoir législatif, représente la volonté générale, et
dirige la force morale ; comme exécuteur suprême de la loi et maître de l'armée, il dispose
de la force physique. Sous ce double rapport,
il est le représentant de la nation, et par conséquent, il doit jouir de la souveraineté et exercer le pouvoir législatif.

C'est comme souverain que le chef de la nation a le droit de convoquer, de proroger et
dissoudre le corps législatif. C'est ici qu'on re-
connaît le véritable caractère de la souveraineté.
Le corps législatif ne peut point s'assembler de
lui-même, car, comme l'observe Montesquieu,
un corps n'a de volonté que lorsqu'il est assem-
blé, et s'il ne s'assemble pas unanimement, on
ne saurait dire quelle partie serait le corps législatif; c'est au chef de la nation à garantir
l'ordre public et la régularité du mouvement
social. Si l'esprit d'anarchie et d'innovation s'in-
troduit dans le corps législatif, il faut bien que
le représentant de la nation chargé de sa destinée, puisse prévenir des troubles qui mena-
cent l'Etat. Alors il doit proroger ou dissoudre
un corps qui peut devenir dangereux, et qui

tend toujours à l'agrandissement de son pouvoir ; il faut se hâter de détruire cet esprit d'op-
position et de résistance, toujours prêt à fomen-
ter des factions nuisibles au corps social. Le
droit de dissoudre le corps législatif est un attribut essentiel de la souveraineté.

Un corps législatif associé à la souveraineté
doit être contenu dans les limites prescrites par
la constitution ; il faut qu'il ne s'écarte jamais de
son institution. La marche des autres autorités
pour parvenir au despotisme est toujours lente :
celle d'un corps législatif est toujours rapide.
Le renversement des lois, difficile à la puissance
exécutive, la puissance législative peut l'opérer
en un moment ; elle peut créer et détruire dans
un instant ce qu'il veut ; d'un seul mot, il peut
arrêter la perception des impôts, s'emparer du
trésor public, soulever le peuple et le rendre
séditieux et criminel sans remords ; de tous les
pouvoirs que le peuple délègue, c'est la puissance
législative qui tend le plus au pouvoir absolu ; sa
force morale est plus puissante que des armées :
il séduit, il corrompt, et marche sans obstacle
à l'usurpation et à la tyrannie. Les annales bri-
tanniques nous attestent cette triste vérité. Le
savant Delorme compare la volonté du corps

législatif à celle de Dieu, lorsqu'il dit que *la lumière se fasse*. On sent combien une pareille puissance peut facilement abuser de son pouvoir sur l'esprit d'un peuple toujours avide d'innovations; on ne peut s'opposer à sa volonté sans occasionner ces commotions terribles qui ébranlent ou détruisent les empires. Si la puissance exécutive, dit Montesquieu, n'a pas le droit d'arrêter les entreprises du corps législatif, celui-ci sera despote; comme il pourra se donner tous les pouvoirs qu'il voudra, il anéantira toutes les autres puissances; rien ne peut arrêter le despotisme d'un corps : il est toujours existant. La mort d'un despote met un terme à sa tyrannie : *il n'y a qu'une sanglante et terrible révolution qui puisse anéantir le despotisme d'un corps législatif*.

L'inviolabilité du chef de la nation est encore un attribut essentiel de la souveraineté; il est revêtu de la suprême magistrature, non par sa volonté, non par son choix, mais par l'effet de la volonté générale. Il représente la nation, et il est l'image de la loi; c'est en lui que se concentrent toutes les forces et toutes les volontés du contrat social. Il faut, dit un publiciste, que celui qui exerce le pouvoir souverain ne soit

point exposé à des dénonciations et à des pour-
suites judiciaires préparées par l'ambition et la
vengeance. La personne du représentant de la
nation doit être sacrée. L'intérêt national, le
salut public exigent qu'il soit élevé au-dessus
des autres citoyens, parce qu'il faut que son
action, qui tend toujours à l'ordre et au bien de
l'état, soit libre et n'éprouve point d'obstacles;
il faut qu'il imprime le respect qui fait aimer
l'obéissance que la loi commande, et qu'il con-
tiennedansleslimites constitutionnelles toutesles
autorités secondaires qui ne tendraient qu'à s'en
écarter, ou à les franchir. Il faut qu'il prévienne
ou qu'il réprime toutes les passions qui s'effor-
cent de contrarier le bien général, qu'il tienne
dans ses mains tous les ressorts du gouvernement tendus, et qu'il ne souffre pas qu'un seul
se relâche ; pour remplir de si grands devoirs,
il est juste et nécessaire que le chef de la nation
jouisse d'une grande puissance, et pour que
cette puissance ait toute la liberté de son exercice, il faut qu'elle soit inviolable.

Ce n'est point pourleurs chefs que les nations
ont institué cette inviolabilité. C'est pour leurs
intérêts politiques et pour leur propre tranquillité ; c'est pour affermir le règne des lois, pour

enchaîner les passions et pour prévenir ces révolutions terribles, qui conduisent les peuples
à l'anarchie et à l'esclavage. On a compris que
dans un temps de troubles, où toutes les passions sont déchaînées, l'autorité méconnue, et
les lois outragées, il est facile d'accuser le chef
de la nation, et de soulever une multitude toujours prête à s'insurger contre le gouvernement.
Voilà, dit M. Necker la véritable origine de l'inviolabilité, elle se perd dans la nuit des temps.

C'est sur cette base que reposent les vérita-
bles principes, les vérités saintes que les nations
se sont transmises d'âge en âge et d'un commun
accord. Cette inviolabilité se rapporte à une
considération importante. On a reconnu qu'il
était impossible de faire juger celui qui exerce
la plénitude du pouvoir exécutif par des hommes
dont l'impartialité fût certaine; car dans le cours
d'une longue administration, le suprême magis-
trat duquel émane une infinité de décisions, a
dû nécessairement blesser l'ambition, l'orgueil
et l'intérêt de plusieurs hommes ; alors toutes
les passions se soulèvent, on prépare des projets d'insurrection et de vengeance. Le rang
dont on veut le dépouiller, excite l'ambition
des uns, et nourrit les espérances des autres.

Dans un gouvernement représentatif, le chef
de la nation ne peut point exercer le despotisme ; il sait qu'il existe des lois fondamentales
qui fixent ses lois, limitent sa puissance, et que
le pacte social, en lui déléguant le pouvoir souverain , lui impose de grands devoirs. Il sait
que la conservation des lois constitutives de l'é-
tat , consolide son autorité , affermit son trône,
relève sa puissance et sa gloire, lui assure l'amour
et les bénédictions de son peuple. Ah ! ne crai-
gnons point le despotisme, redoutons plutôt
l'anarchie : ce dernier fléau étend l'infortune et
la corruption sur tous les membres de la société , prépare les crimes et l'esclavage des peuples, éteint toutes les lumières et toutes les ver-
tus publiques.

La souveraineté réside dans le chef du gouvernement; elle y est inhérente , et ne saurait
en être séparée. Le gouvernement est la pierre
fondamentale de l'édifice social, c'est lui qui le
soutient , le conserve et le perfectionne. Un
gouvernement est plus utile et plus nécessaire
qu'une constitution. Des lois civiles et politiques
forment le pacte social ; mais il deviendrait inutile et serait dans l'inertie , si une main puissante ne lui donnait un principe de vie et de

conservation. On peut bien concevoir, disait un membre du corps législatif, un empire sans constitution, mais on ne peut le concevoir sans un gouvernement. Tous les législateurs ont donné à leur pays des lois constitutionelles, qui sont restées dans la poussière des siècles, tandis que les peuples fixaient leurs regards sur les gouvernemens inconstans dans leurs principes, suivant les temps, les circonstances et les événemens. La constitution de Lycurgue a duré cinq cents ans ; mais que de variations n'a point éprouvé le gouvernement des Lacédémoniens ! La constitution de Numa, toujours respectée à Rome, même sous les Empereurs, n'a pas empêché que le gouvernement romain n'ait été bouleversé par de grandes révolutions. Le gouvernement d'Athènes, mal constitué, a produit des malheurs et des crimes. Que de ressemblance y a-t-il entre la fameuse charte anglaise, et le gouvernement britannique, entre l'Alcoran et le gouvernement turc, entre la loi salique, et l'ancien gouvernement français ? Ce n'est point contre les constitutions des empires que les novateurs séditieux s'arment, c'est le pouvoir exécutif qu'ils veulent renverser ; c'est la force ou la faiblesse des gouvernemens qui soutiennent ou renversent les états, qui font la splen-

deur ou la misère des peuples. La France fut
avilie sous ses rois fainéans, malheureuse sous
Charles VI, Charles IX et Henri III; elle fut
grande et respectable sous Charlemagne, Louis
IX, Henri IV, Louis XIV; elle est parvenue au
dernier degré de gloire et de puissance sous le
gouvernement de Napoléon le Grand.

(Extrait de mon ouvrage qui a pour titre : *Nouveau
Contrat social*, ou *Principes élémentaires des
Constitutions des Gouvernemens et de Législation*, que je me propose de publier incessamment.)

FIN.